AF204569

Zauberponys

Fantastische Ferien

Bibliografische Information der Deutschen Nationalbibliothek
Die Deutsche Nationalbibliothek verzeichnet diese Publikation
in der Deutschen Nationalbibliografie;
detaillierte bibliografische Daten sind im Internet
über http://dnb.d-nb.de abrufbar.

Noch mehr Freude ...

... mit Kinderbüchern für pures Vergnügen!
www.arsedition.de
Das Neuste von arsEdition im Newsletter:
abonnieren unter **www.arsedition.de/newsletter**

MIX
Papier | Fördert
gute Waldnutzung
FSC® C002795

© 2022 arsEdition GmbH, Friedrichstraße 9, D-80801 München
Alle Rechte vorbehalten
© Idee: Sue Bentley
© Erzählt von Anna Almhoff
Cover- und Innenillustrationen: Simone Leiss-Bohn
Covergestaltung: Grafisches Atelier arsEdition unter Verwendung einer Illustration
von Simone Leiss-Bohn

ISBN 978-3-8458-4768-9

www.arsedition.de

Lesen lernen mit Magie

Sue Bentley

Zauber Ponys

Fantastische Ferien

Mit Illustrationen von Simone Leiss-Bohn

arsEdition

INHALT

Liebe Leserin, lieber Leser!

Wie schön, dass Du da bist! Bist Du bereit? Dir steht eine magische Zeit bevor. Denn Du lernst lesen. Und Lesen ist Magie!

Zusammen mit Komet wirst Du ein großes Abenteuer erleben. Merkst Du, wie die Seiten schon rascheln? Spürst Du, wie die Buchstaben flüstern?

Gleich geht es los!

Und so wie Komet mutig allen Gefahren begegnet, so wirst auch Du bald eine starke Leserin und ein zauberhafter Leser sein.

Viel Freude und alles Gute
wünscht Dir

Anna Almhoff

STERNENSTAUBSCHULE
KLASSE „GOLDFEDER"

Ich heiße: Komet

Am liebsten spiele ich mit: Sternschnuppe

Meine Lieblingsfarbe: Violett

Das ist mir wichtig: Ich passe immer auf

meine Schwester auf!

STERNENSTAUBSCHULE
KLASSE „GOLDFEDER"

Ich heiße: Sternschnuppe

Am liebsten spiele ich mit: Komet

Meine Lieblingsfarbe: alle Farben des

Regenbogens

Das mache ich gern: Ich liebe Mutproben!

IM MAGISCHEN KÖNIGREICH: KOMET UND STERNSCHNUPPE

Komet, das geflügelte Pferd, wieherte besorgt. Dreimal schon hatte er die magische Insel umrundet. Aber seine Schwester Sternschnuppe konnte er nirgends finden!

Sie sollte auf den Lebensstein aufpassen. Doch sie hatte ihn verloren. Sofort war sie losgerannt, um ihn zu suchen.

Je länger sie wegblieb, desto größer war die Gefahr, dass die Dunkelpferde sie entdeckten. Das war gefährlich. Komet musste Sternschnuppe finden! Und zwar bald …

Langsam trabte ein älterer Hengst heran. Es war Meteor.

Mit seiner tiefen, warmen Stimme sagte er: „Sternschnuppe ist in Gefahr, mein Freund.

Du musst aufbrechen und sie holen. Bring sie zurück nach Hause, hier ist sie sicher." Komet nickte. „Ja! Ich breche sofort auf." Meteor überlegte: „Wahrscheinlich ist Sternschnuppe immer noch in der anderen Welt. Du musst sie dort suchen." Komet wieherte. Er würde seine Schwester überall suchen!

Plötzlich gab es einen hellen, violetten Lichtblitz. Sternenstaub wirbelte um Komet herum. Seine Flügel verschwanden. Sein Fell wurde dunkler. Der Sternenstaub wirbelte immer schneller auf. Dann war es so weit. Komets Reise begann ...

KAPITEL 1

Mia könnte heulen! Seit ihre Mama einen
neuen Freund hat, ist alles anders. Jetzt
sind sie zu dritt – mit Toni. Und nicht nur
das! Jedes zweite Wochenende kommt seine
Tochter Nele auch dazu. Dann hat Mia nicht
nur einen Zweitpapa, sondern auch eine
Wochenend-Schwester.
Nele und Mia sind fast gleich alt.
Aber Nele ist ganz anders als Mia.
Nele ist blond und mag Sport. Und vor
allem liebt sie Pferde! In ihrem Zimmer

hängen überall Poster von Pferden.
Reiten kann Nele auch. Sie hat jede
Woche Reitstunden. Sie ist ein richtiges
Pferdemädchen.
Mia mag keine Pferde! Sie zeichnet lieber.
Das Meer. Bäume und Blumen. Oder
Gesichter.

Am Wochenende gibt es deshalb ständig
Zoff. Wenn sie zu viert was unternehmen,
findet eine der beiden es total langweilig.
Und außerdem soll Mia immer nett zu Nele
sein!
Und jetzt auch noch das! Am Montag
beginnen die Ferien. Mia hatte sich so auf
ihren Zeichenkurs gefreut. Bei einer echten
Künstlerin! Doch die Künstlerin ist krank
geworden und der Kurs fällt aus. Und nicht
nur das! Mama hat Mia einfach zu den
Reiterferien angemeldet. Mit Nele!
Mia könnte heulen vor Wut.
„Mia", erklärt Mama noch einmal. „Ich habe
für dich den letzten Platz gebucht! Dann
bist du wenigstens mit Nele zusammen.
Das ist doch schön. So lernt ihr euch besser
kennen."

Mia schnieft. Jetzt muss sie auch noch ihre
Ferien mit Nele verbringen. Wie furchtbar!
Doch Mama redet schon weiter: „Mia, mein
Schatz. Toni und ich sind auf Dienstreise.
Du kannst nicht alleine bleiben. Also ist es
doch ein Glück, dass wir noch einen Platz
auf dem Reiterhof bekommen haben."
Mia schüttelt den Kopf. Das soll Glück sein?
Für sie ist es eher die Hölle.
Auch ihre Wochenend-Schwester Nele guckt
wütend. Sie zischt: „Jetzt muss ich auch
noch mein Hobby mit Mia teilen. Ich wollte
Spaß haben!" Nele steht auf und rennt in ihr
Zimmer. *Peng!*, donnert die Tür hinter ihr zu.
Reiten, denkt Mia, *ist ja so blöd*. Sie hat Angst
vor Pferden. Sie kann nicht reiten. Und
zeichnen kann sie dort sicher auch nicht.
Eine Träne kullert ihre Wange hinunter.

Mama nimmt sie in den Arm. Sanft streicht sie Mia über den Rücken. Aber es gibt keine andere Lösung.

„Los, komm, Mia!", ruft Toni. Mia stellt ihre Tasche ins Auto. Mama und Nele sitzen schon drin.

Traurig und enttäuscht lässt sich Mia neben Nele auf den Sitz fallen. In ihrem Bauch liegt ein schwerer Kummer-Stein. Zwei Wochen Reiterferien! Das wird so öde. Und dann auch noch Nele! So hatte sie sich ihre Ferien nicht vorgestellt!

Auch Nele ist still.

Beide Mädchen haben die Arme verschränkt und sehen aus dem Fenster: die eine nach links, die andere nach rechts.

Und keine sagt ein Wort.

KAPITEL 2

Der Reiterhof liegt in einem Tal. Dahinter ist eine große Wiese.

In der Ferne recken sich hohe Berge in den Himmel. Mia sieht überall nur Pferde. Mama und Toni haben es eilig. Mama nimmt Mia in den Arm und Toni gibt Nele einen Kuss. Dann sind sie weg. Mia und Nele stehen traurig auf dem Reiterhof.

„Hier entlang", sagt Anna, die Reitlehrerin. Sie bringt Mia und Nele in ihr Zimmer. Ein Zimmer zusammen? Auch das noch!

Im Zimmer stehen zwei Doppelstockbetten.
Mia legt ihre Tasche auf das eine untere
Bett. Nele wirft ihre oben auf das
andere Bett. Sie wollen auf keinen Fall
übereinander schlafen.
Da kommen zwei Mädchen herein. Es
sind Luise und Sara und sie wohnen auch
mit im Zimmer. Auf Saras T-Shirt prangt
ein Pferdebild und Luise zeigt stolz ihren
Rucksack. Auch auf ihm sind lauter Pferde
drauf. Nele lacht. Sie hat ein kleines
Plastikpferd als Schlüsselanhänger. Die drei
ziehen ihre Reitsachen an und rennen sofort
zum Pferdestall.

Na super, denkt Mia. *Die sind hier ja alle total pferdevernarrt.*

Langsam packt Mia ihre Sachen aus. Ihre Stifte und ihr Zeichenheft steckt sie in ihre Umhängetasche, dann geht sie auch auf den Hof.

Seufzend erkundet Mia den Reiterhof. Überall sind Pferde! Vor dem Stall steht Sara und putzt ein Pferd. Das große Tier schnaubt und stampft. Laut klackern seine Hufe auf dem Boden.

Im Stall recken Pferde neugierig ihre riesigen Köpfe über die Türen. Luise schleppt Heuballen für sie heran.

An der Koppel steht Nele und streckt einem riesigen schwarzen Pferd eine Möhre hin.

Es zieht die Lippen hoch und greift mit seinen großen Zähnen danach. Auf der Weide stehen noch einmal vier Pferde. Sie peitschen mit ihrem Schweif und verscheuchen Bremsen. Sie sind so groß!

Mia ist froh, dass zwischen ihr und den
Pferden ein Zaun ist.
Langsam geht sie um den Reiterhof herum.
Ein schmaler Weg führt an der Koppel
vorbei zum Wald.

Am Waldrand setzt sich Mia auf einen Stein.
Wie soll sie es hier nur aushalten! Alle hier
scheinen Pferde zu lieben. Sie fühlt sich so
einsam. Seufzend zieht sie ihren Block aus
der Tasche und zeichnet: die Wiese, die
Berge, den Hof.
Plötzlich wird der Weg in eine glitzernde
Wolke getaucht.

Winzige Körnchen Glitzerstaub fallen auf
Mias Haut und auf ihren Block.
„Oh", murmelt Mia und reibt sich die Augen.
Als sich der Staub senkt, steht ein braunes
Pony vor ihr. Seine Mähne ist hell und
auf der Stirn hat es einen weißen Fleck.
Langsam kommt es auf Mia zu. Mutig bleibt
Mia sitzen.
Leise wiehert das Pony mit samtweicher
Stimme: „Kannst du mir bitte helfen?"

Mia starrt das Pony an. Sie mag zwar keine Pferde, aber das weiß sie: Pferde können nicht sprechen. Auch keine Ponys!

Höflich sagt sie: „Du hast dich bestimmt verlaufen. Der Hof ist dahinten."

Das Pferd zuckt mit den Ohren. Es hebt den Kopf und wiehert: „Ich gehöre nicht zum Reiterhof. Ich bin Komet. Ich gehöre zu den Himmelslicht-Pferden."

„Aah", macht Mia und staunt: „Du kannst wirklich sprechen?"

Komet schaut sie mit seinen großen, klugen Augen an und schnaubt: „Wir Himmelslicht-Pferde können alle sprechen. Wir sind Zauberpferde. Wie heißt du?"

Mia stottert verdutzt. „Mein Name ist Mi-Mi-Mia. Ich verbringe meine Ferien auf dem Hof."

Komet senkt seinen Kopf: „Es ist mir eine Ehre, dich kennenzulernen, Mia."

Mia schaut das Pferd genau an. Es hat leuchtende lila Augen und sein braunes Fell schimmert matt. Vor ihm hat sie keine Angst! Neugierig fragt sie: „Was machst du hier?"

Komet wiehert laut und sagt: „Ich suche meine Schwester. Sie heißt Sternschnuppe und hat sich verirrt. Bestimmt hat sie sich hier irgendwo versteckt. Ich muss sie nach Hause bringen."

Er scharrt mit dem Huf und erzählt weiter: „Ich muss sie finden, bevor die Dunkelpferde sie entdecken. Sie wollen unsere Magie stehlen."

Mia ist verwundert. „Aber ...", murmelt sie. Vor ihr steht doch nur ein Pony!

Komet wiehert: „Tritt bitte einen Schritt zurück."

Mia spürt ein Kribbeln am ganzen Körper.

In Komets Fell leuchten violette Funken und Funkenstaub wirbelt um ihn herum.

Statt des kleinen braunen Ponys steht nun
ein großes helles Pferd vor ihr. Aus seinen
Schultern wachsen goldene Flügel. Sie sind
mit schimmernden Federn bedeckt und
glänzen im Sonnenlicht.

„Mia, ich bin es!", haucht Komet und stößt
ein freundliches Wiehern aus.

Mia staunt. Sie hat fast vergessen zu
atmen. So etwas Schönes hat sie noch nie
gesehen! Am liebsten möchte sie Komet
sofort zeichnen. Er ist so toll!

Da wirbelt Funkenstaub um sie herum.
Komet verwandelt sich wieder in ein
braunes Pony.

Mia lacht: „Das ist eine super Tarnung. So
wird dich niemand erkennen."

Doch Komet peitscht unruhig mit dem Schwanz. Er wiehert: „Die Dunkelpferde dürfen mich nicht finden. Deshalb muss ich mich verstecken. Kannst du mir helfen?"

Mia zögert. Vielleicht sollte sie Nele rufen und ihr alles erzählen?

Nele kennt sich mit Pferden aus. Und Angst hat sie auch keine vor ihnen.

Komet hebt den Kopf und schnaubt sanft: „Mia, du darfst niemandem davon erzählen. Es muss unser Geheimnis bleiben. Bitte, versprich das!"

Mia nickt. Komet berührt sie mit seiner weichen Schnauze. Vorsichtig streicht sie über sein seidenweiches Fell. Dabei schaut Komet sie flehend mit seinen klugen Augen an. Er ist wirklich in Not. Sie kann ihn doch nicht allein im Wald zurücklassen!

Mia überlegt: „Vielleicht kann ich dich im Reiterhof verstecken?"

Komet schnaubt glücklich: „Das wäre wunderbar."

Da hören sie laute Stimmen. Die Reitlehrerin Anna kommt mit Nele, Luise und Sara angeritten.

Als sie Mia sieht, ruft sie: „Mia, machst du Pause? Komm, steig auf und reite mit uns zurück."

Mia will etwas sagen. Komet schnaubt.

Als sie ihn anschaut, sieht sie, wie gerade der letzte Funkenstaub verblasst. Komet hat gezaubert! Jetzt hat er einen Sattel auf dem Rücken. Sogar Zaumzeug hat er gezaubert!

Sanft schubst er Mia an und schnaubt leise in ihr Ohr: „Komm, steig auf!"

Mia zögert. Sie kann doch nicht reiten! Sie hat noch nie auf einem Pferd gesessen.

Komet stupst sie noch einmal mit seiner Nase an.

Sanft haucht er in ihr Ohr: „Steig einfach auf. Ich trage dich."

Die Mädchen kichern ungeduldig. Nele verdreht die Augen.

Das reicht! Mia klettert in den Sattel.

Komet trabt mit den anderen Pferden

zurück zum Reiterhof. Dabei ist er ganz vorsichtig und Mia fühlt sich sicher. Sie hat das Gefühl, über dem Weg zu schweben. Unglaublich! Komet hat so viel Kraft und er ist so stark. Mia spürt genau, wie seine Muskeln arbeiten.

Da dreht sich Sara zu ihr um und fragt: „Reitest du ohne Reitstiefel und Reitkappe?"

Mia wird rot. Sie wollte ja gar nicht reiten!

Auch Anna schaut streng: „Mia, das nächste Mal reitest du bitte mit voller Ausrüstung aus. Das ist wichtig!"

KAPITEL 3

Auf dem Hof vor dem Reitstall steigt Mia wie die anderen Mädchen ab. Komet steht ganz still.

Behutsam nimmt sie den schweren Sattel ab. Dann ist Fellpflege dran! Anna drückt ihr den Putzkasten in die Hand. Vorsichtig striegelt Mia Komet.

Sein Fell glänzt wie Seide und seine helle Mähne weht im Wind. Mia fährt mit den Fingern durch sein Fell. So weich!

Sanft schnaubt ihr Komet ins Ohr: „Danke!"

Mia flüstert besorgt: „Können dich die anderen nicht hören?"

Komet schüttelt den Kopf: „Nein, nur du kannst mich verstehen, Mia. Für die anderen klingt es wie ein Wiehern." Mia ist beruhigt.

Da kommt ein rotes Auto auf den Hof gefahren. Es ist viel zu schnell! Das Pferd von Sara erschrickt und steigt. Es schlägt mit den Vorderhufen aus. Es tänzelt weg. Jetzt steht es mitten in der Einfahrt. Das Auto hupt.

Nun werden auch die anderen Pferde nervös. Sie wiehern! Sie scheuen und treten aus.

Anna rennt zu dem Fahrer und scheucht ihn vom Hof.

Die Mädchen versuchen, ihre Pferde zu halten und zu beruhigen.

Nur Komet steht ganz ruhig da. Mia hält das Halfter locker in der Hand. Komet hat seinen Kopf neben Mias Schulter. Gelassen guckt er, was auf dem Hof passiert.

Als Anna das sieht, lobt sie Mia: „Mia, du

hast dein Pony sehr gut unter Kontrolle.
Das machst du super!"

Mia muss kichern. In dem Moment läuft
Nele an ihr vorbei. Ihr großes Pferd Blacky
lässt sich vor Aufregung kaum bändigen.
Es sträubt sich, in den Stall gebracht zu
werden. Immer wieder tänzelt es zur Seite.

Als Nele das Lob für Mia hört, faucht sie:
„Bild dir bloß nichts darauf ein. Reines
Anfängerglück! Dein Gaul ist einfach ein
dummer Trottel."

Aua, das tut weh! Die Worte von Nele
verletzen Mia. Sie hat Tränen in den
Augen. Sie dreht sich zu Komet um und
flüstert: „Du bist kein Trottel. Hör nicht hin."
Gemeinsam trotten sie in den Stall auf der
anderen Seite.

Dort gibt es zum Glück noch eine leere Box.
Mia führt Komet hinein und schreibt seinen
Namen auf die Boxentür. Dann bringt
sie ihm Heu und Wasser. Komet wiehert
dankbar und zupft ein paar Halme.

Mia ist immer noch traurig. Sie flüstert:
„Nele ist so gemein!"

Komet schnaubt und stupst sie mit seiner

weichen Schnauze an der Schulter an. Leise sagt er: „Nele hatte Blacky nicht unter Kontrolle. Deshalb war sie wütend. Und ich bin ruhig geblieben. Deshalb war sie eifersüchtig."

Mia nickt. „Nele lernt schon lange reiten. Wahrscheinlich denkt sie deshalb, dass sie es besser können müsste", überlegt sie und streicht Komet ein letztes Mal über sein weiches Fell.

Sie flüstert: „Zum Glück bist du jetzt da. Gleich morgen helfe ich dir, deine Schwester Sternschnuppe zu suchen!"

Schon beim Aufwachen denkt Mia an Komet. Sie kann es kaum erwarten, zu ihm zu gehen.

Nele und die anderen beiden Mädchen sind auch schon wach. Ohne ein Wort zu sagen, zieht Nele schon vor dem Zähneputzen ihre Reitsachen an.

Dann huscht sie aus dem Zimmer und rennt hinunter in den Stall.

Auch Sara und Luise schlüpfen gleich in ihre Reiterhosen und stürmen zu den Pferden.

Mia ist traurig, dass Nele so abweisend ist.

Mit ihr das Zimmer zu teilen, ist schrecklich!

Sie fühlt sich ganz einsam.

Nach dem Frühstück holt Mia Komet aus seiner Box und bringt ihn auf die Koppel.

Dort verbringen sie den Vormittag.

Komet sucht im Gras nach Spuren von Sternschnuppe und Mia zeichnet.

Am Nachmittag ruft Anna, die Reitlehrerin,
alle Kinder zusammen und teilt sie in zwei
Gruppen: die Anfänger und die, die schon
reiten können. Mia ist erleichtert: Nele ist in
der anderen Gruppe.
Stolz wippt Nele mit dem Pferdeschwanz
und führt den großen Blacky auf den
Reitplatz. Seitdem sie ihn gestern geritten
hat, ist sie total verliebt in ihn.

Mia und die anderen Mädchen in der Anfängergruppe lernen erst einmal, was alles in einen Putzkasten hineingehört. Dann holen sie die Pferde und Ponys aus den Boxen und binden sie am Putzplatz an. Hier lernt Mia mit den anderen, wie man bürstet, striegelt und die Hufe auskratzt.

Mia ist aufgeregt. Doch Komet ist ganz
ruhig. Trotzdem kommt Mia ins Schwitzen.
Immer wieder streicht sie ihm mit der Bürste
über das Fell. Komet gibt ihr leise Tipps.
Nun kratzt sie ihm die Hufe aus.
Dann putzt sie mit einem kleinen weichen
Schwamm vorsichtig seinen Kopf.
Zum Schluss kämmt sie seine Mähne und
seinen Schweif. Nun glänzt sein Fell überall
und Komet schnaubt zufrieden.
Mia legt ihm die Satteldecke und den Sattel
auf und zieht den Sattelriemen fest.
Dann nimmt sie ihm das Halfter ab und legt
die Trense an. Puh, geschafft!
Mia klopft ihm sanft auf den Hals. Komet
schaut sie mit seinen großen, klugen Augen
an. Es kann losgehen!
Nun üben sie das Aufsitzen und Absteigen.

Immer wieder schwingt Mia sich in den Sattel. Und immer wieder lässt sie sich heruntergleiten. Langsam klappt es. Dann lernt sie, auf ihm zu sitzen. Zunächst laufen sie an der Longe, später in der Reithalle. Das macht Spaß!

Mia streicht Komet immer wieder über den Hals. Sie ist so froh, dass sie ihn hat. Bei ihm hat sie keine Angst und sie fühlt sich auch nicht mehr so allein.

Die Zeit vergeht. Schon ist die erste Woche um. Langsam findet Mia den Reiterhof gar nicht mehr so schrecklich! Sooft sie kann, geht sie mit Komet spazieren, damit er nach Spuren von seiner Schwester Sternschnuppe suchen kann. Doch er entdeckt noch nicht einmal einen Hufabdruck! Wo steckt Sternschnuppe nur?

 **KAPITEL 4**

Am Ende der zweiten Woche steht ein
Ausritt an. Mia sitzt wie immer auf Komet.
Ganz vorn reitet Anna. Dann folgen ein
paar Kinder. Mia ist etwa in der Mitte. Vor
ihr reitet Nele auf Blacky. Hinter Mia sind
Sara und Luise. Ganz am Ende ist wieder
ein Reitlehrer.

Sie haben die Wiese überquert. Jetzt reiten
sie den Waldweg entlang. Im Trab geht es
einen kleinen Hügel hinauf.

Da passiert es!

Die Pferde haben einen Fuchs aufgeschreckt.
Wie ein roter Blitz schießt er davon. Die
Pferde erschrecken. Blacky steigt! Nele
kann ihn nicht halten. Er ist so groß! Sie
klammert sich ängstlich fest. Blacky tänzelt.

Noch einmal sieht man den Fuchs zwischen den Bäumen davonhuschen.

Da schießt auch Blacky davon! Er stürmt quer durch den Wald. Nele bringt ihr Pferd nicht unter Kontrolle. Wackelig sitzt sie auf seinem Rücken.

Hoffentlich fällt sie nicht herunter!

Mia ist aufgeregt. Sie flüstert: „Komet, bitte, wir müssen ihr helfen!"

Komet schnaubt und trabt los. Er scheint zu spüren, wohin Blacky gerannt ist. Vorsichtig läuft er mit Mia zwischen den Bäumen hindurch und hinter den Büschen den Hügel hinauf.

Plötzlich sieht Mia um sich herum eine Glitzerwolke.

Sie scheinen zu schweben. Und wirklich, Mia und Komet fliegen!

„So sind wir schneller!", wiehert Komet.
Das Zauberpony bewegt seine goldenen
Flügel auf und nieder. Unten sehen sie
Nele auf dem Boden sitzen. Blacky hat sie
abgeworfen!
Komet setzt zur Landung an. Von einem
Moment zum anderen ist er wieder ein
normales Pony. Er läuft zu Nele und bleibt
stehen.

Sofort lässt sich Mia heruntergleiten. Sie
fragt Nele: „Hast du dir wehgetan?"
Nele hat nichts vom magischen Flug der
beiden mitbekommen. Sie schüttelt den
Kopf und steht auf. „Nein", sagt sie leise.
„Blacky ist so aufgeregt. Er lässt sich nicht
einfangen. Er ist zur Lichtung gelaufen."
„Dann folgen wir ihm", sagt Mia schnell.
Komet schnaubt und stellt sich vor die
beiden Mädchen. Mia sitzt auf. Wieder
schnaubt Komet.
Ich kann euch beide tragen!, soll das heißen.
Mia streckt die Hand aus und hilft Nele

hoch. Sie sitzt hinter Mias Sattel auf Komets Rücken. Mit beiden Armen umschlingt sie Mia und hält sich an ihr fest. Vorsichtig läuft Komet mit Mia und Nele durch den Wald.

Auf der Lichtung am Bach sehen sie Blacky. Nervös tänzelt er durch das hohe Gras. Immer wieder wirft er den Kopf hin und her. Leise sitzen die Mädchen ab und schleichen zur Lichtung. Als Nele sich ihm nähern will, weicht Blacky sofort zurück.
Komet schnaubt und zaubert. Mia sieht eine kleine Wolke Glitzerstaub. Sie wirbelt um Blacky herum. Plötzlich bleibt er ganz still stehen. Er senkt den Kopf.
Langsam beruhigt er sich.

Komet wiehert freundlich. Blacky hebt den Kopf und kommt langsam zu Komet und den beiden Mädchen gelaufen. Nun kann Nele nach den Zügeln greifen.

„Zum Glück!", seufzt sie erleichtert.

Vor Aufregung zittern Mia immer noch die Knie. Erschöpft lässt sie sich ins Gras fallen. Nele hockt sich neben sie.

Die Mädchen geben den Pferden lange

Zügel, damit sie an dem frischen Gras
auf der Lichtung knabbern können. Nele
umarmt Mia. „Du bist im richtigen Moment
gekommen!"
Mia lacht. „Was für ein Abenteuer!" Sie freut
sich, dass sie zusammen mit Komet helfen
konnte. Sie ist stolz auf ihn. Doch was macht
er da? Er ist an den Rand der Lichtung
gelaufen, wo frischer Adlerfarn wächst.

Er schnuppert am Boden. Sein Kopf verschwindet fast zwischen den dunklen Farnblättern.

„Stopp!", brüllt Mia. „Weg da, Komet! Der Farn ist giftig!" Sie rennt zu ihm. „Das darfst du nicht fressen!"

Komet tritt einen Schritt zurück. „Danke", murmelt er. „Das wusste ich nicht. Solche Farne gibt es bei uns nicht ..."

Noch immer starrt er auf den Farn. „Schau nur", flüstert er. „Da sind Hufabdrücke von Sternschnuppe. Ich muss sie schnell finden. Sie weiß ja nicht, dass hier giftige Pflanzen wachsen."

Mias Herz klopft. Hoffentlich ist Sternschnuppe nichts passiert. Dann schaut sie Komet an. Wird sie ihn nun verlieren? Sanft streicht sie seinen Hals.

„Mia", wiehert Komet. „Wenn ich Stern-
schnuppe finde, müssen wir von hier weg.
Das kann dann ganz schnell gehen."
Mia schluckt. „Schade", haucht sie.
In dem Moment tritt Nele zu ihnen.
„Unterhältst du dich mit deinem Pony?",
fragt sie. „Das sieht ja fast aus, als ob ihr
euch verstehen würdet."
Mia zuckt die Schultern und führt Komet an
den Bach. Hier kann er trinken.
Leise sagt sie: „Komet ist eben ein
besonderes Pony."
Da lacht Nele und wirft die Arme in die
Luft. „Na endlich hast du es verstanden:
Pferde und Ponys sind echt besondere
Tiere!"

Sie steigen wieder auf und reiten zur Gruppe zurück. Gemeinsam geht es zurück zum Reiterhof.

An diesem Abend setzt sich Nele beim Abendessen zu Mia. Auch im Zimmer spielen sie noch zusammen. *Eigentlich*, denkt Mia, *ist Nele ja doch ganz nett.*

KAPITEL 5

Es ist die letzte Nacht auf dem Reiterhof.
Nele, Sara und Luise schlafen tief und
fest. Nur Mia ist wach. Sie schaut aus dem
Fenster. Alle Pferde und Ponys sind in den
beiden Ställen. Dennoch sieht sie schwarze
Schatten über die Koppel huschen. Ob das
die Dunkelpferde sind?
Sie muss Komet warnen!
Sofort rast Mia hinunter zum Stall. Sie reißt
die Stalltür auf und erstarrt. Komet steht
schon auf dem Gang.

Aber nicht als Pony, sondern in seiner wahren Gestalt. In seinem hellen Fell leuchtet Funkenstaub. Seine Mähne und sein Schweif leuchten wie silberne Fäden. Seine goldenen Flügel funkeln.

„Komet", keucht Mia. „Da draußen sind Schatten."

Komet senkt den Kopf. „Die Dunkelpferde haben meine Spur gefunden. Ich bin hier nicht mehr sicher. Ich muss nach Hause zurückkehren. Und dann werde ich weiter nach Sternschnuppe suchen."

Mia schlingt ihre Arme um Komets Hals.
Eine Träne rollt ihre Wange hinunter. Aber
sie spürt, dass sie stark sein muss. „Ich
werde dich nie vergessen", seufzt sie.
Komet streift mit seiner samtweichen
Schnauze ihren Nacken.
Dann sagt er: „Du bist eine treue Freundin,
Mia. Und du hast ein gutes Herz."
Dann tritt er einen Schritt zurück. „Leb wohl
und sei weiterhin so lieb zu allen Tieren."
Mia sieht ihn ein letztes Mal an. Leise sagt
sie: „Danke, dass du an mich geglaubt hast.
Du bist der beste Freund, den man sich
wünschen kann. Ich hoffe, dass du deine
Schwester Sternschnuppe bald findest."
Da zuckt ein violetter Lichtblitz durch den
Stall. Ein Schauer aus Funkenstaub wirbelt
umher.

Komet breitet seine Flügel aus. Es scheint, als würde er schweben. Dann ist er fort. Mia wischt sich die Tränen aus den Augen.

Ohne Komet wirkt der Stall plötzlich sehr leer. Als sie sich umwendet, entdeckt sie etwas Glitzerndes auf dem Boden. Es ist eine schimmernde Flügelfeder.

Vorsichtig hebt Mia sie auf. Ein Andenken an Komet! Das wird sie immer an ihr Abenteuer mit dem magischen Pony erinnern.
Mia ist so glücklich, dass Komet sie als Freundin ausgesucht hat. Sie umschließt die kostbare Feder mit ihrer Hand und geht leise aus dem Stall. Als sie die Stalltür schließt, scheint der Mond hell auf die Koppeln. Die Schatten sind weg.

Am nächsten Morgen wird Mia als Letzte wach. Die anderen packen schon ihre Taschen. Schnell hüpft Mia aus dem Bett und putzt ihre Zähne.

Dann zieht sie sich an. Die Feder steckt sie gleich in ihre Umhängetasche.

Danach stopft sie ihre Jeans und T-Shirts in die Tasche. Obenauf legt sie ihre Farben und ihren Zeichenblock. Als Nele das sieht, fragt sie: „Zeigst du uns, was du gemalt hast?"

Mia wird ein bisschen rot, dann klappt sie den Block auf.

Auf dem ersten Bild sieht man den Reiterhof, die Wiese und die Berge. Das zweite Bild zeigt Komet. Auf dem nächsten Bild hat sie Komet mit seinen goldenen Flügeln gezeichnet.

Und dann all die anderen Pferde des Reiterhofs. Nele erkennt ihren Blacky sofort. Begeistert fragt sie: „Schenkst du mir das?"

Mia zögert. Sie gibt ihre Bilder nicht so gern her.

Aber Nele ist hartnäckig: „Das ist so toll! Viel besser als alle Poster. Das hänge ich über meinem Bett auf."

Da nimmt Mia das Blatt aus dem Block heraus und schenkt es Nele. Die freut sich riesig.

Draußen hört man Autos vorfahren. Die Eltern kommen, um ihre Kinder abzuholen. Manche haben auch einen Anhänger dabei und laden ihre Pferde auf.

Nele stupst Mia an: „Ein eigenes Pferd, das wäre es doch!"

Mia grinst: „Na klar! Wenn wir uns das beide wünschen, haben Mama und Toni keine Chance!"

Sie müssen kichern.

Hand in Hand laufen sie zu Mama und Toni. Die staunen, als sie die beiden Mädchen zusammen sehen. „Habt ihr euch gut verstanden?", fragt Mama.

Nele und Mia nicken. „Na klar", sagen beide wie aus einem Mund. Dann stürmen sie zum Auto.

Das waren wirklich fantastische Ferien, denkt Mia. Und plötzlich freut sie sich sogar auf die Wochenenden mit ihrer Wochenend-Schwester Nele. Vielleicht reiten sie ja nochmal zusammen aus ...

Sue Bentley lebt in einem von Hecken umschlossenen Haus, sodass sie sich einbilden kann, auf dem Land zu leben. Wenn sie nicht gerade schreibt (was nicht oft vorkommt), dann liest sie gerne, geht walken und ins Kino, recherchiert für ihre Bücher oder malt.

Anna Almhoff wurde 1983 in Leipzig geboren. Sie studierte in Berlin, Dublin (Irland) und Tampere (Finnland) Kunstgeschichte und Germanistik und arbeitete während des Studiums für eine Catering-Firma. Dort hat sie für Mick Jagger Suppe gekocht, für Michael Jackson Obstkörbe zusammengestellt und für Mariah Carey Blumensträuße gebunden. Heute lebt sie in Frankfurt am Main und schreibt in ihrem Büro über den Dächern der Stadt Kinderbücher.

Simone Leiss-Bohn wuchs in einer Kleinstadt nahe Stuttgart auf und war damals schon oft zeichnend anzutreffen. Als staatlich geprüfte Grafik-Designerin zog sie nach Bremen und arbeitete als Freelancerin für Werbeagenturen und Unternehmen. Da die Arbeiten über die Jahre immer illustrativer wurden und ihr Herz doch sehr für das Zeichnen schlägt, widmet sie sich inzwischen voll und ganz ihrer Leidenschaft, der Illustration. Vorwiegend digital zaubert sie liebevoll-freche Bildwelten für Kinder. Ansonsten genießt sie die Zeit mit ihrem Mann und ihren Söhnen.

Ausgeschmökert? Weiterschmökern:

ISBN 978-3-8458-4767-2

ISBN 978-3-8458-4768-9

ISBN 978-3-8458-4769-6

ISBN 978-3-8458-4770-2

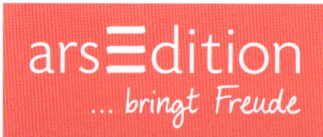

Lesen lernen mit Magie

**Zauberhafte Geschichten über Mut,
Freundschaft und Magie!**

Lasst euch von Komet, Pfeil und Sturm
in eine magische Welt entführen und erlebt
gemeinsam mit ihnen spannende Abenteuer.
Das Beste: Ihr könnt die Geschichten selbst lesen
und auf den bunten Bildern gibt es viel zu entdecken.

Taucht ein in die Welt der Zaubertiere!

Mehr Infos zu den Büchern findest du unter **www.arsedition.de**
Newsletter abonnieren: **www.arsedition.de/newsletter**

arsedition
... bringt Freude